MONUMENT

A ÉLEVER A LA MÉMOIRE DE

HENRY ESPÉRANDIEU

ARCHITECTE

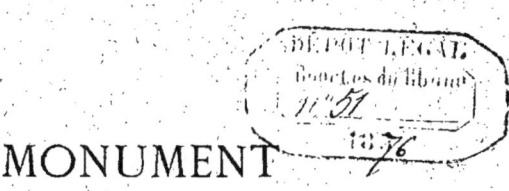

DISCOURS

PRONONCÉ PAR M.

H. TOURNAIRE

Premier Adjoint au Maire de Marseille

LE 22 AOUT 1875

A la Distribution des Prix de l'École des Beaux-Arts.

MARSEILLE

BARLATIER-FEISSAT PÈRE ET FILS

Rue Venture, 19

1876

MONUMENT

A ÉLEVER A LA MÉMOIRE DE

HENRY ESPÉRANDIEU

ARCHITECTE

DISCOURS

PRONONCÉ PAR M.

H. TOURNAIRE

Premier Adjoint au Maire de Marseille

LE 22 AOUT 1875

A la Distribution des Prix de l'École des Beaux-Arts.

MARSEILLE

BARLATIER-FEISSAT PÈRE ET FILS

Rue Venture, 19

—

1876

AVANT-PROPOS

La pensée de perpétuer par un monument la mémoire d'Henry Espérandieu ne peut être que sympathiquement accueillie par la population marseillaise. Cet artiste regretté a doté notre ville d'édifices qui font l'admiration de tous. Grâce à lui, Marseille a eu enfin une parure digne de sa richesse.

Il appartient aux Marseillais de glorifier par une œuvre durable l'auteur du Palais de Longchamp, de la Bibliothèque, du Sanctuaire de Notre-Dame-de-la-Garde; de perpétuer le souvenir de celui dont la carrière, trop courte mais remplie par des créations si belles, fut consacrée tout entière à Marseille.

Ainsi l'ont pensé les amis d'Espérandieu, ses confrères et quelques autres admirateurs de son talent. Au lendemain de sa mort, ils avaient pris, dans ce but, l'initiative d'une souscription, et confié à une Commission provisoire le soin de recueillir les adhésions. Répandues dans un cercle restreint, les listes de souscription ont produit pourtant une somme assez élevée pour permettre d'espérer que l'on arrivera à la réalisation de cette pensée.

Une Commission définitive a été nommée par les premiers souscripteurs et chargée par eux de donner plus d'extension et une impulsion nouvelle à la souscription, de déterminer l'emplacement et d'assurer l'exécution du monument commémoratif.

Cette Commission est ainsi composée :

M. TOURNAIRE, 1er adjoint, remplissant les fonctions de Maire de Marseille, *Président d'honneur.*

MM. Pascal COSTE, architecte, *Président.*

Léon CAHIER, architecte, *Vice-Président.*

A. de SAINT-ALARY, négociant, *Trésorier.*

G. ALLAR, architecte, *Secrétaire.*

A. BOUSQUET, architecte.

L. BRÈS, homme de lettres.

CANTINI, président de la Chambre Syndicale des entrepreneurs.

J. LETZ, architecte en chef du département.

MAGAUD, peintre, directeur de l'École des Beaux-Arts.

MOUREN, architecte de la ville de Marseille.

R. PONSON, peintre.

J. RICHAUD, architecte.

La Commission fait aujourd'hui appel à tous pour pouvoir mener cette œuvre à bonne fin, c'est-à-dire pour élever à l'artiste dont le talent fut si noble et si pur un monument qui le glorifie selon ses principes et ses goûts, une œuvre digne, par le choix des matériaux et la perfection de la forme, de l'auteur d'œuvres si parfaites. Que ceux qui ont éprouvé un sentiment d'admiration et de légitime orgueil en présence des monuments du nouveau Marseille songent qu'ils ont une dette à acquitter.

*Ce n'est pas d'ailleurs seulement à Marseille que s'adresse la Commission. Elle fait appel à tous ceux qui, en France, s'intéressent aux manifestations élevées de l'Art et qui pensent qu'il est juste et utile de perpétuer la mémoire des grands artistes. Elle compte particulièrement sur le concours des confrères d'*Henry Espérandieu.

*Elle a pensé qu'elle ne saurait mieux faire connaître l'homme et l'artiste qu'en répandant un fragment du discours prononcé par M. Tournaire, premier adjoint, remplissant actuellement les fonctions de Maire, et président d'honneur de la Commission, le 22 Août 1875, à l'occasion de la distribution des prix de l'École des Beaux-Arts. Cette étude résume à grands traits la carrière artistique d'*Henry Espérandieu *et rend un juste hommage à son talent. Elle emprunte au caractère de celui qui l'a écrite une autorité que l'on ne saurait contester.*

La Commission.

DISCOURS

DE

M. H. TOURNAIRE

Premier Adjoint au Maire de Marseille, délégué aux Beaux-Arts

PRONONCÉ LE 22 AOUT 1875

A la Distribution des Prix de l'École des Beaux-Arts.

Messieurs,

C'est un honneur bien grand et toujours bien apprécié que celui qui m'est déféré en ce moment, de venir présider cette réunion solennelle, c'est presque une témérité que de l'accepter quand on n'a pas pour soi l'autorité d'un maître et quand on possède à peine le savoir d'un élève.

Mais le sentiment qui vous attire en si grand nombre dans cette enceinte est de cette nature qu'il porte la jeunesse à ne pas trop se préoccuper d'autre chose que de ce qui fait l'objet principal de cette imposante séance.

En effet, voir son zèle récompensé, son travail primé, entendre son nom acclamé par ses camarades, c'est plus qu'il n'en faut à chacun de vous pour marquer cette journée parmi les plus heureuses, et alors à quoi servent les discours ? Hélas ! cela peut être vrai, nous ne saurions rien trouver à y redire ; mais cependant, la fin de l'année scolaire ne ressemble-t-elle pas un peu à ces sortes de grandes haltes que l'on rencontrait le long des grands chemins, quand il y avait des chemins que l'on parcourait à pied, le bâton à la main ? Il devenait alors nécessaire de s'attendre, de se rassembler et de se raconter, tout en se reposant, les impressions recueillies dans les sentiers ainsi parcourus.

A ce point de vue, et sans trop abuser de votre attention, il doit m'être permis, au nom de l'Administration municipale, que j'ai l'honneur de représenter ici, et qui a, en quelque sorte, préparé le gîte de l'Ecolier, (quel splendide gîte !) il doit m'être permis, dis-je, de vous arrêter un moment sur le seuil de l'Ecole des Beaux-Arts que vous allez franchir, et de vous interroger sur les impressions que vous avez éprouvées dans le cours de cette année scolaire, de signaler l'attitude prise par chacun de vous dans vos classes respectives, et de déterminer le mérite des œuvres qui se sont ici produites. Le cadre serait grand, nous n'en parcourrons qu'une partie.

De vos impressions, la première, la plus poignante, est celle que je partage avec vous, et dont je me suis senti saisi, en pénétrant sous les voûtes de cette salle restée inachevée, comme témoignage de la douleur commune, sorte de colonne tronquée, élevée à la mémoire encore présente de l'habile et savant architecte que nous avons perdu, Henry Espérandieu. *(Applaudissements.)*

Messieurs,

Je ne veux pas assombrir l'éclat du beau soleil qui éclaire cette fête; mais ne vous semble-t-il pas juste de payer ici, dans cette salle même, qui est une partie de son œuvre, le tribut dû à la mémoire de ce maître savant? Il a doté Marseille de monuments que l'étranger nous envie et qui feront sa gloire dans l'avenir; il a tracé les voûtes où ma parole résonne en ce moment même; nous lui devons la gracieuse colonnade et les galeries de Longchamp, la belle ordonnance de nos salles de dessin et de nos salles de sculpture. Il aimait à diriger vos concours, et, après avoir jugé du mérite des élèves, il se faisait une joie de venir s'asseoir à nos côtés, autour de ce bureau, pour assister à la distribution de vos récompenses; vous étiez de sa famille, vous en qui il se voyait renaître par le respect et l'étude du beau, par le sentiment élevé de l'art ; vous devez donc prendre la plus large part du deuil qui dure encore.

Henry Espérandieu appartenait à notre région méridionale, où le sentiment et le goût des beaux-arts semblent dominer toute autre chose. Il était né à Nîmes, la vieille cité romaine, en 1829. Les monuments des siècles passés, la Maison carrée, les Arènes, avaient dû frapper de leur aspect majestueux, cette jeune et vive imagination. Il avait à peine quinze ans et il se trouvait en quelque sorte encore sur les bancs de l'école, lorsque, en 1843, il fut présenté à M. Charles Questel, architecte, alors chargé, après concours, de l'exécution de l'église Saint-Paul, de Nîmes, et de la fontaine de l'Esplanade, dite de Pradier.

Avec la confiance et la sécurité que l'on rencontre quelquefois dans la force naissante, le jeune Espérandieu montra alors ses études, ses dessins, et le projet qu'il avait fait lui-même, à cet âge, d'une fontaine sur cette même place que Questel avait pour mission d'orner du monument qu'on y admire encore aujourd'hui, et que Pradier devait décorer d'un groupe de statues, fait avec le sentiment et le goût de l'antique.

A cette cité si rayonnante de chaleur et de lumière, il fallait, pour compléter sa parure, dans l'âge moderne, des perles dignes de figurer à côté des joyaux que lui avait légués l'âge antique, et l'étranger peut aujourd'hui partager son admiration entre des œuvres d'un caractère si différent.

Cette audacieuse assurance du jeune Espérandieu lui conquit la faveur du maître, et M. Questel, appréciant l'aptitude de ce brillant élève, l'admit, pendant quelque temps, auprès de lui, l'exhorta, l'encouragea, et, plus tard, lui conseilla d'aller continuer ses études à Paris, où il le fit entrer dans les ateliers de M. Vaudoyer. Trois ans après, en 1846, à l'âge de 18 ans, Espérandieu était reçu élève à l'Ecole des Beaux-Arts de Paris; puis quand les événements de 1848 vinrent jeter le trouble dans les études et disperser les élèves qui fréquentaient les cours de cette école, ce fut auprès de son vieux maître, M. Questel, à Versailles, qu'il se retira.

Remarquez, Messieurs, avec quelle déférence les hommes de mérite et de talent accueillent les conseils des maîtres et leur restent attachés, et combien les rapports deviennent étroits quand on les base, d'une part, sur le respect, et, d'autre part, sur le désir de développer dans une âme d'élite le goût de l'étude du vrai et du beau.

Vous vous souvenez tous, sans doute, encore, des premières leçons reçues dans vos familles et dans les écoles, où l'on vous apprenait à connaître les lettres de l'alphabet et les principes du langage. Eh! bien, il faut une éducation pour l'Art comme pour le Langage; la tradition est un secours, et l'enseignement est d'abord nécessaire, le Beau nous est donné d'autorité comme le Vrai, sans que nous le comprenions; d'abord on nous dit que telle chose est vraie et belle, et nous le croyons sans voir et sans comprendre;

puis nous voyons Beau ce qu'on nous a dit être Beau, et enfin, nous jugeons par nous-mêmes de la Vérité et de la Beauté. C'est ce que fit Espérandieu. Il se signala d'abord par une attitude pleine de déférence envers ses premiers maîtres, ils devinrent, plus tard, pour lui, de véritables amis ; ils lui facilitèrent l'accès d'une carrière où il a laissé tant et de si riches souvenirs. Il avait repris ses études chez M. Vaudoyer, lorsque ce grand maître en architecture fut chargé de dresser les plans et le projet de la cathédrale de Marseille, ce monument qui sera, par sa riche conception, par la splendeur du ciel sous lequel se développent ses coupoles, et l'étendue de l'horizon qui lui sert de cadre, un des ouvrages les plus admirés de l'époque moderne.

M. Espérandieu s'inspirant de la pensée du maître, fort de ses propres études, travailla à ce projet, et en 1854, quand commencèrent les travaux de la cathédrale, il fut envoyé à Marseille en qualité de sous-inspecteur de ces travaux qu'il n'a plus cessé de diriger jusqu'à sa mort.

Je n'ai ni le temps, ni l'autorité nécessaire pour faire ici la biographie de M. Espérandieu. Pourtant la tâche sera rendue facile à ceux qui voudront l'entreprendre, car nous trouvons partout, dans notre ville, les traces lumineuses de son passage dans les choses de l'Art. C'est en 1855 qu'il est chargé, sur la recommandation de M. Vaudoyer, de dresser les plans et de commencer la construction de ce sanctuaire vénéré qui se détache à l'horizon de notre golfe quand le marin aborde sur nos côtes, *Notre-Dame-de-la-Garde* ; c'est en 1857 qu'il dessine la colonne élevée au boulevard du Nord, en commémoration du dogme de l'*Immaculée Conception* ; c'est en 1862 qu'il dessine et commence les travaux du *Palais de Longchamp*, et en 1864, la *Bibliothèque* et l'*Ecole des Beaux-Arts* qu'il devait laisser inachevées ; en 1868, il était nommé *architecte de la Ville*, et en 1872, *architecte de la Cathédrale* en remplacement de M. Vaudoyer, son maître vénéré, qu'il devait suivre de si près dans la tombe.

La personnalité de M. Espérandieu était aussi attachante que son sentiment artistique était relevé : doux, liant et serviable, il faisait le bien sans faste avec une sorte de pudeur, et j'aime à espérer que ses traits, encore présents à la mémoire de chacun de vous, seront, un jour, sculptés sur le marbre et placés, ici même, dans les cours d'études, ou dans cette salle, pour perpétuer le souvenir de son nom, déjà inscrit sur la rue qui conduit au Palais de Longchamp, comme témoignage public de la considération méritée dont il jouissait parmi nous.

Messieurs, restons attachés à la mémoire de cet éminent architecte ; sachez l'honorer en vous efforçant de lui ressembler un jour. S'il n'a pu achever une œuvre aussi remarquable à tant de titres, il lui aura été donné de vous voir reprendre vos cours dans les nouvelles salles de dessin ; et, comme s'il avait pu avoir le pressentiment de sa mort prochaine, pourtant si peu probable à l'âge de 45 ans, il avait fait toute ses diligences pour achever la partie de ce monument, réservée à l'étude d'un art dont il avait lui-même relevé l'éclat par ses lumineuses conceptions et son incomparable aptitude. *(Applaudissements prolongés.)*

*En s'associant au vœu exprimé par Monsieur l'Adjoint délégué aux Beaux-Arts, dans le fragment de discours que nous venons de reproduire, la Commission du monument qui doit être élevé à la mémoire d'*Henry Espérandieu, *est persuadée d'avance que le concours de la Ville ne lui fera pas défaut, pour une œuvre qui a déjà conquis à Marseille comme au dehors l'adhésion des amis de cet éminent architecte et des nombreux admirateurs de son beau talent.*

www.ingramcontent.com/pod-product-compliance
Lightning Source LLC
Chambersburg PA
CBHW060632050426
42451CB00012B/2552